¿Por qué las plantas tienen flores?

Louise y Richard Spilsbury

Heinemann Library
Chicago, Illinois

Customer Service 888-454-2279
Visit our website at www.heinemannlibrary.com

Editorial: Kate Bellamy
Design: Jo Hinton-Malivoire and AMR
Illustration: Art Construction
Translation into Spanish produced by DoubleO Publishing Services
Picture research: Ruth Blair and Kay Altwegg
Production: Severine Ribierre

Originated by Repro Multi Warna
Printed and bound in China by South China Printing Company Ltd

10 09 08 07 06
10 9 8 7 6 5 4 3 2 1

Library of Congress Cataloging-in-Publication Data
Spilsbury, Louise.
  [Why do plants have flowers? Spanish]
  Por que las plantas tienen flores? / Louise y Richard Spilsbury.
     p. cm. -- (El mundo de las plantas)
  Includes index.
  ISBN 1-4034-9071-6 (lib. bdg.) -- ISBN 1-4034-9076-7 (pb)
  1. Flowers--Juvenile literature. 2. Plants--Development--Juvenile literature. I. Spilsbury, Richard, 1963- II. Title. III.Series.
  QK653.S7218 2006
  575.6--dc22

                              2006006180

Acknowledgements
The publishers would like to thank the following for permission to reproduce photographs:
Corbis pp. 17 (Michael Boys), 20 (Gary Braasch), 10/11 (Jose Fuste Raga), 4b (Garden Picture Library/James Guilliam), 6, 13 (Michael and Patricia Fogden), 5a (Mary Ann McDonald), 4a (Maurice Nimmo/FLPA), 5b (Ron Watts), 15, 19, 21; Getty Images p. 18 (Photodisc); OSF p. 16 (photolibrary.com); Science Photo Library pp. 8, 12, 14 (Dr Jeremy Burgess), 23 (Dr John Brachenbury), 9 (Martin Land), 26 (Robert Landau), 25 (Calude Nuridsany and Maria Perennou), 22 (Philippe Psaila), 24 (Gregory K. Scott), 30 (Nik Wheeler), 28 (Claude Woodruff).

Cover photograph of an Alpine Longhorn Beetle (*Rosalia alpina*) on a flower reproduced with permission of FLPA/Silvestris Fotoservice.

Contenido

Algunas palabras están en negrita, **como éstas.**
Puedes encontrar lo que significan en el glosario.

¿Para qué sirven las flores?

Muchas plantas dan flores de colores vivos. Las flores producen **semillas.** Las semillas crecen y se convierten en nuevas plantas.

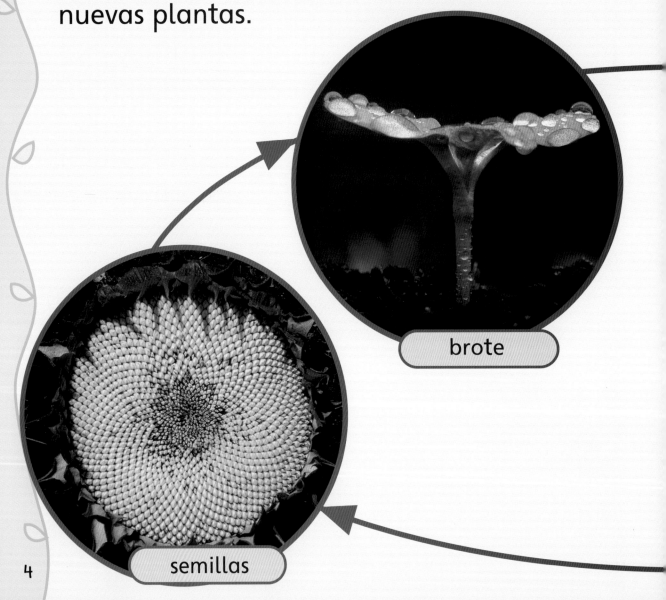

brote

semillas

Las plantas tienen brotes y los animales tienen crías que, al crecer, son como ellos. Esto se llama **reproducción**. Los gatos tienen gatitos, los pájaros ponen huevos y la mayoría de las plantas producen semillas.

capullo

flor

5

Partes de una flor

Una flor tiene muchas partes diferentes. Si cortamos una flor por la mitad, podemos ver las partes que están adentro. La flor usa estas partes para producir **semillas**.

Una flor tiene partes masculinas y partes femeninas. Las partes masculinas se llaman **estambres** y las partes femeninas son los **pistilos.**

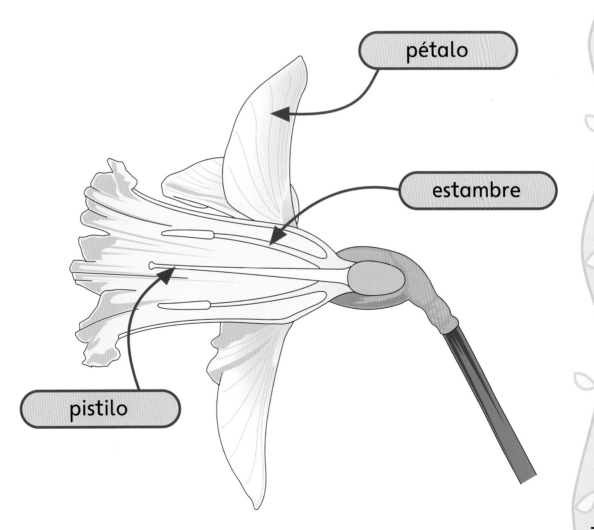

pétalo

estambre

pistilo

Semillas y flores

Las diferentes partes de la flor ayudan a producir las **semillas**. Al final del **estambre** hay una especie de polvillo. Se llama **polen**. A menudo el polen es amarillo, pero también puede ser de otros colores.

polen

La parte femenina de la flor produce unos granitos llamados **óvulos**. No ves los óvulos de una flor porque están dentro del **pistilo**.

pistilo

polen

Polen en movimiento

En casi todas las flores, una **semilla** empieza a crecer cuando el **polen** se junta con un **óvulo.** El polen se mueve de una flor y cae sobre otra.

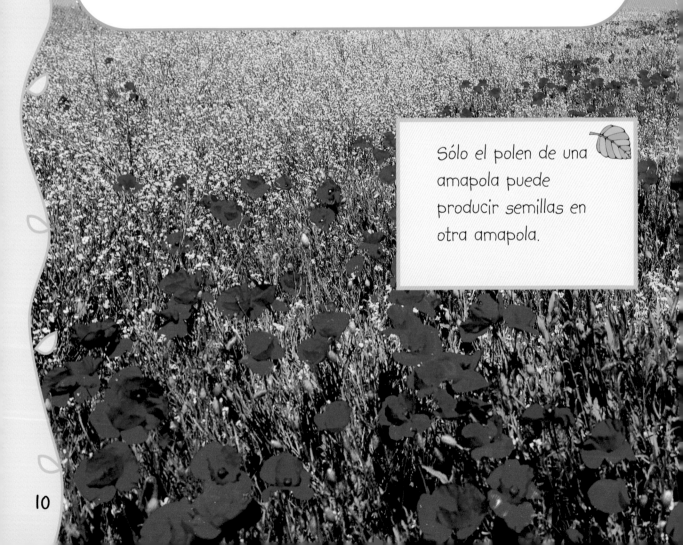

Sólo el polen de una amapola puede producir semillas en otra amapola.

Diferentes plantas tienen formas distintas de desplazar el polen de flor a flor. Las plantas no se pueden mover. Tienen que usar lo que hay a su alrededor.

Transportar polen

Algunas plantas usan animales para trasladar su **polen**. A menudo las flores huelen bien y tienen **pétalos** de colores. Las flores fabrican una bebida dulce, el **néctar**. Así atraen a los pájaros e insectos.

Algunas flores tienen pétalos muy largos. El colibrí tiene un pico muy largo para llegar al néctar que hay dentro.

Algunos pájaros e insectos visitan las flores para beber el néctar. Cuando un pájaro o insecto va a beber el néctar, el polen se pega a su cuerpo. Cuando visitan otra flor, el polen cae de nuevo.

polen

Polen al viento

Algunas plantas usan el viento para mover su **polen**. Sus **estambres** producen montones de polen. Al soplar, el viento se lo lleva. Parte del polen caerá sobre el **pistilo** de otra flor.

La mayor parte de este polen caerá al suelo y se desperdiciará.

El viento se lleva el polen de la hierba. Las flores de una planta de hierba no tienen colores vivos y no huelen. No necesitan atraer a pájaros o insectos.

Las flores de la hierba son verdes y no tienen brillo.

flor de hierba

Una semilla comienza a crecer

Cuando el **polen** cae sobre el **pistilo** de una flor, puede unirse a un **óvulo**. Entonces el óvulo empieza a convertirse en **semilla**. Los **pétalos** de la flor mueren y caen.

Lo único que queda de la flor es el óvulo. Dentro de él, las semillas se hacen cada vez más grandes. El óvulo crece poco a poco alrededor de las semillas y se convierte en un **fruto.**

La parte roja e hinchada de este rosal contiene las semillas en crecimiento.

Se forma un fruto

Un **fruto** es la parte de una planta que contiene sus **semillas**. El fruto protege a las semillas mientras crecen. Algunos frutos sólo contienen una semilla.

Una cereza es un fruto que tiene una semilla dentro.

Algunos frutos contienen muchas semillas. Si cortas un tomate, verás muchas semillas diminutas.

semilla

Tipos de fruto

Hay muchos tipos de **frutos** diferentes. Algunos son blandos, jugosos y dulces. Otros son duros y secos.

fruto

Las nueces tienen un fruto duro y seco que las rodean.

Una vaina de frijol es un tipo de fruto. La vaina es como una funda que protege las **semillas** que hay dentro.

Los frijoles son las semillas de una planta de frijol.

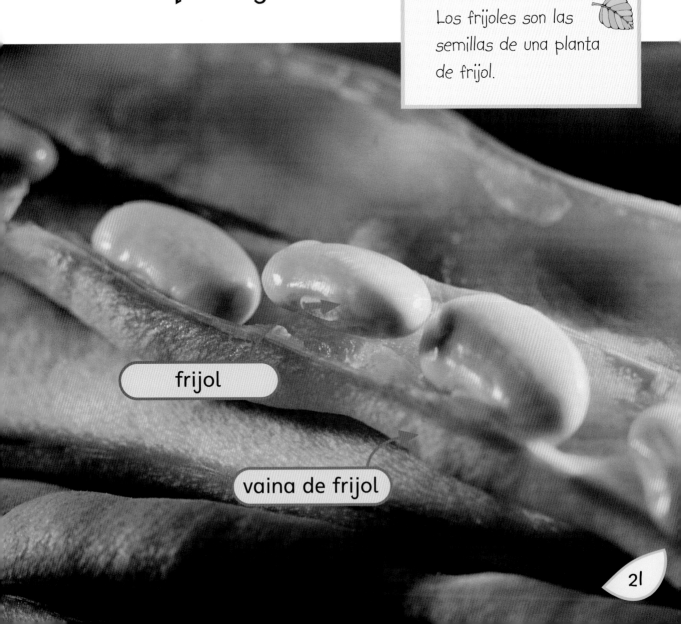

frijol

vaina de frijol

Frutos y semillas

Las **semillas** necesitan espacio para crecer. Un **fruto** ayuda a la semilla a separarse de la planta original. Algunos frutos tienen una forma que los ayuda a moverse con el viento.

La forma de algunas semillas permite que el viento las lleve a un nuevo lugar.

semilla

22

Algunas plantas usan un río para trasladar sus semillas a otro lugar, donde pueden comenzar a crecer. Las semillas de diente de león son muy livianas y no se hunden cuando caen al agua.

semilla

Animales y frutos

También los animales ayudan a trasladar las **semillas** cuando comen **frutos**. Las semillas caen en sus **excrementos** en un nuevo lugar.

Los pájaros pueden escupir las semillas en un sitio nuevo.

Algunas semillas tienen ganchos pequeñitos que se quedan en el pelo de un animal cuando éste roza la planta. Más tarde el animal se quita las semillas.

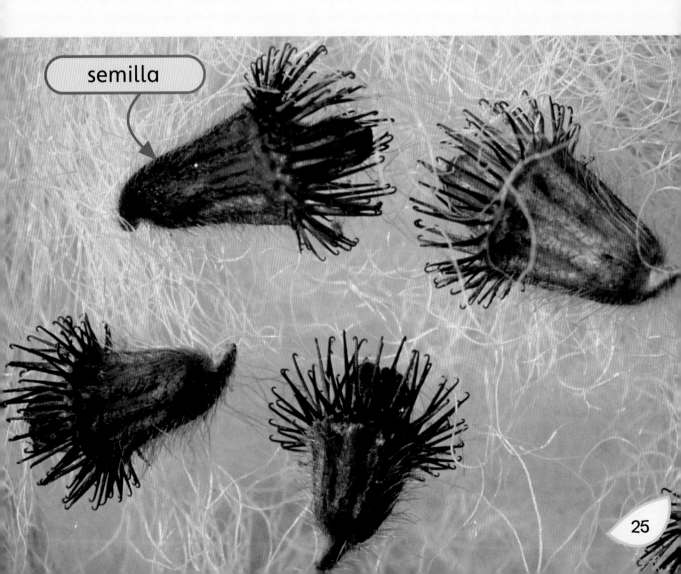

semilla

De semilla a flor

Algunas **semillas** caen en lugares demasiado fríos o secos para crecer. Otras caen en sitios donde pueden empezar a crecer.

Las semillas que caigan de este árbol no podrán crecer aquí.

Primero, una semilla cae en un nuevo lugar. Después, la semilla comienza a crecer y se convierte en una planta nueva. Más adelante, producirá sus propias flores y semillas.

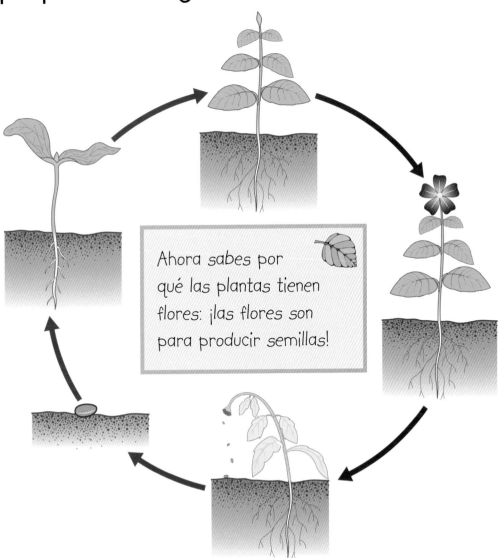

Ahora sabes por qué las plantas tienen flores: ¡las flores son para producir semillas!

¡Ahora te toca a ti!

¿Cuántas **semillas** tienen los **frutos** de distintas plantas? Para saberlo, junta primero algunas frutas diferentes. Después, pide a un adulto que te las corte. Cuenta las semillas que hay dentro.

Haz una tabla como ésta para mostrar el número de semillas de cada fruta.

Número de semillas

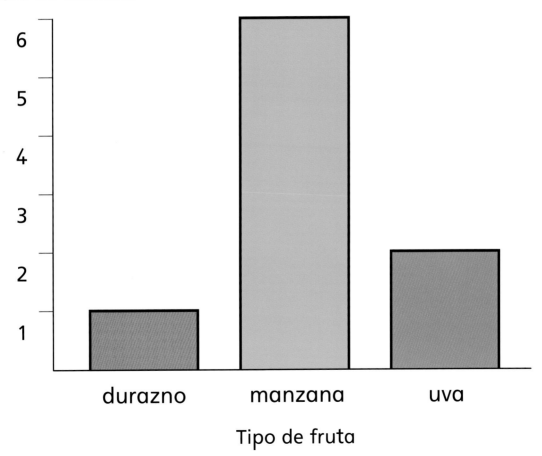

Tipo de fruta

¡Plantas increíbles!

Probablemente, las semillas de la palmera coco-de-mer son las más grandes del mundo. Cada semilla puede pesar hasta ¡45 libras (20 kilogramos)!

Glosario

estambre parte masculina de una flor

excremento estiércol de un animal. Residuo sólido que producen los animales.

fruto parte de una planta que contiene sus semillas

néctar jugo dulce y azucarado que hay dentro de una flor

óvulo grano diminuto dentro del pistilo de la flor

pétalo parte de una flor

pistilo parte femenina de una flor

polen granitos que hay al final del estambre de una flor

pudrirse cuando una cosa vieja o muerta se descompone en partes muy, muy pequeñas

semilla parte de la planta que fabrican las flores. Las semillas pueden crecer y convertirse en una nueva planta.

Más libros para leer

Heller, Ruth. *El motivo de una flor.* Grijalbo-Mondadori, 1990.

Parsons, Alexandra, y Watts, Claire. *Las plantas.* SM de Ediciones, 1993.
Un lector mayor te puede ayudar con este libro.

Walker, Jane. *Las flores.* Edelvives, 1995.

Índice